Lebendiger Glaube

gelebt von Manfred Kerner,

einem bekennenden neuapostolischen Christen

Holger Hespen

Impressum:

Gelebter Glaube

gelebt von Manfred Kerner, einem bekennenden neuapostolischen Christen

Ausgabe vom 15.07.2020

ISBN: 978-3-751906-43-2

(Hrsg.) V.i.S.P.: Hans-Jürgen Sträter

Wacholderstr. 26

26639 Wiesmoor

Tel.: 04944-5815

Email: kontakt @ adlerstein.de

Herstellung und Verlag: Books on Demand, Norderstedt

Alle Rechte vorbehalten

Sommersemester 2007

Universität Bremen

Institut für Religionswissenschaften und Religionspädagogik

Prof. Dr. Gritt Klinkhammer

Veranstaltung: Religiöse Gegenwartskultur II

VAK: 09-54-4-M6/2

Verfasser der Semesterarbeit:

Holger Hespen

Matr.-Nr. 2063429

Studium Religionswissenschaft/Geschichte

Bachelor, 4. Fachsemester

Inhaltsverzeichnis Seite

Vorwort 7

1. Einleitung 9

2. Die Neuapostolische Kirche 11

3. Methodik 16

4. Die Interviews 18

4.1 Lebendiger Glaube 18

4.1.1 „Der Glaube kommt aus der Predigt" -
Bedeutung der Predigt für einen
lebendigen Glauben 18

4.1.2 „Gott ist gegenwärtig" –
Die Wahrnehmung göttlichen Handelns
im Rahmen von Glaubenserlebnissen 21

4.2 Interkonfessionelle Kontakte –
zwischen Ökumene und Mission 29

4.2.1 „Das hat ja nur verschiedene
Schwerpunkte" – Beziehungen zu
anderen Christen/Ökumene 29

4.2.2 Den Glauben bekennen –
Öffentlichkeitsarbeit und Mission 33

5. Ergebnis 36

Literaturverzeichnis/Websites 38

Nachwort 39

Zum Verfasser 41

Vorwort

Das vorliegende Bändchen zum „Lebendigen Glauben" ist im Rahmen meines Lehrforschungsseminars im Institut für Religionswissenschaft / Religionspädagogik der Universität Bremen entstanden. Studierende lernen hier religionsbezogen wie auch – wie das Bändchen in sehr gelungener Weise zeigt – religiöse Daten und Mitteilungen religionswissenschaftlich aufzubereiten und darzulegen. Dabei geht es nicht darum, den wissenschaftlichen Außenblick als kritischen im Sinne einer Religionskritik walten zu lassen, sondern eine konzentrierte und klare Betrachtung der wesentlichen Merkmale – hier des religiösen Lebens und Erlebens eines Mitgliedes einer Religionsgemeinschaft – zu analysieren und zu dokumentieren.

Vor dem Hintergrund einer zunehmend pluralen Gesellschaft christlichen Ausdrucks in unserer Gesellschaft wird die Beachtung und Kenntnis konkret gelebter Religion immer wichtiger neben den Kenntnissen zu dogmatischen Inhalten unterschiedlicher christlicher wie insgesamt religiöser Strömungen. Denn der gelebte Glaube, die gelebte Religion ist es, mit der man es bei Fragen von Integration, Toleranz und Miteinander zu tun hat. Verkennt man deren Dimension und bleibt allein im Dogmatischen verhaftet, so hilft dies – so wenig wie meist im Leben – auch in der Wissenschaft nicht weiter.

Insofern leistet die vorliegende Studie von Holger Hespen viel, auch über die wissenschaftliche Brauchbarkeit hinaus. Sie trägt zum gegenseitigen Verständnis bei und hilft grundsätzlich, die Dimension gelebten Glaubens nicht zu vergessen.

Bremen, im April 2008   *Prof. Dr. Gritt Klinkhammer*

1. Einleitung

Die Neuapostolische Kirche ist in Deutschland die drittgrößte christliche Religionsgemeinschaft. Sie hat rund 380.000 Mitglieder, die in etwa 2.600 Gemeinden organisiert sind.[1] Vielerorts findet man Kirchen der NAK.

Trotz dieser großen Präsenz der Glaubensgemeinschaft scheint diese aber für viele Menschen weitgehend unbekannt zu sein. Man kennt vielleicht den ein oder anderen neuapostolischen Christen, aber was es mit dem Glauben genau auf sich hat, das wissen nur die wenigsten. Dies hängt sicherlich auch damit zusammen, dass die Kirche lange Zeit bemüht war, sich von der Öffentlichkeit abzuschotten.

Dies hat sich vor allem seit den 1990er Jahren verändert. Mittlerweile bedarf es keiner besonders intensiven Recherche mehr, um herauszufinden, in welchen Punkten sich die Lehre der Neuapostolischen Kirche von den anderen christlichen Gemeinschaften unterscheidet.

Allerdings geben abstrakte Begriffe wie Versiegelung, Apostelamt oder Entschlafenenwesen nur wenig Auskunft darüber, wie sich das Leben eines neuapostolischen Christen konkret gestaltet.

Wie lebt ein Mitglied der NAK seine Religiösität aus, wie erlebt er seinen Glauben? Welche Auswirkungen haben die Glaubenslehren der NAK auf das Handeln der Gläubigen? Und wie wirkt sich der Glaube der NAK auf den Umgang mit anderen (nichtneuapostolischen) Menschen aus? Diese Fragen widmet sich die vorliegende Arbeit im Rahmen einer Einzelfallanalyse narrativer Interviews.

Bei dem Befragten handelt es sich um Manfred Kerner[2], einen Anfang Fünfzigjährigen ehrenamtlichen Priester der NAK, der bereits seinem sechsten Lebensjahr der Gemeinschaft angehört.

1 Vgl. www.nak.de, Stand 20.09.07

2 Der Name des Interviewpartners wurde anonymisiert.

Sein Glaubensleben soll in diesem Rahmen exemplarisch untersucht werden.

Im ersten Teil der Arbeit sollen kurz Geschichte, Struktur und Glaubenslehre der NAK dargestellt werden, um die Rahmenbedingungen von Manfred Kerners Glauben klarzumachen. Anschließend werden Methodik der Arbeit vorgestellt. Es folgt die Analyse des Interviews. Hierbei liegt der Schwerpunkt auf der Untersuchung des für Kerner so bedeutsamen lebendigen Glaubens. Dieser manifestiert sich für ihn vor allem in der neuapostolischen Predigt und in sog. „Glaubenserlebnissen".

In einem zweiten Teil der Interviewanalyse wird Kerners Umgang mit Mitgliedern anderer christlichen Gemeinschaften untersucht, der aus seiner Sicht ebenfalls zu einem lebendigen Glauben dazu gehört. Zunächst geht es hierbei um ökumenische Bestrebungen, dann folgt ein Abschnitt zur neuapostolischen Öffentlichkeitsarbeit und Mission.

Die Literatur zur neuapostolischen Kirche ist recht überschaubar. Die meisten Monographien sind entweder aus einer theologischapologetischen Perspektive verfasst oder fallen unter die Rubrik „Aussteigerliteratur".

Zur Geschichte der NAK ist das Buch „Apostel und Propheten der Neuzeit" von Helmut Obst zu empfehlen.[3]

An aktueller religionswissenschaftlicher Literatur hervorzuheben ist die Veröffentlichung Katja Ratkows[4], die sich schwerpunktmäßig mit neueren Entwicklungen in der NAK auseinandersetzt.

---

3 *Helmut Obst,* Apostel und Propheten der Neuzeit. Gründer christlicher Religionsgemeinschaften des 19. Jahrhunderts, 4., erweiterte Auflage, Göttingen 2000.

4 *Katja Rakow,* Neuere Entwicklungen in der Neuapostolischen Kirche. Eine Dokumentation des Öffnungsprozesses, Berlin 2004

2. Die Neuapostolische Kirche

Bevor näher auf Manfred Kerners und seinen persönlichen Glauben eingegangen wird, sollen im Folgenden zusammenfassend Geschichte, Struktur und wesentliche Glaubenslehren der Neuapostolischen Kirche dargestellt werden.[5] Schließlich bildet die Kirche die Rahmenbedingungen, in denen sich Kerners Glauben abspielt.

Die Ursprünge der Neuapostolischen Kirche liegen in den katholisch-apostolischen Gemeinden, die sich Mitte des 19. Jahrhunderts in England konstituierten. Ab 1826 trafen sich auf dem englischen Landsitz Albury regelmäßig Christen verschiedener Konfessionen, die Kritik an den etablierten Kirchen übten und an ein unmittelbar bevorstehendes Weltende glaubten, das mit der Wiederkunft Christi verknüpft war. Im Rahmen dieser Versammlungen wurden durch Weissagung zwölf Apostel berufen.

In Deutschland aber, wo sich auch katholisch-apostolische Gemeinden gebildet hatten, nahm der Prophet der Berliner Gemeinde, Heinrich Geyer, weitere Apostelberufungen vor.

Deswegen wurde er im Jahr 1863 aus der katholisch-apostolischen Bewegung ausgeschlossen. Dieses Jahr wird in der neuapostolischen Geschichtsschreibung als der eigentliche Beginn der NAK verstanden.

Unter Geyer und seinen neu berufenen Aposteln entstanden in Hamburg und Umgebung die „Allgemeine Christliche Apostolische Mission" (ACAM) und in Holland die „Apostolische Zending".

---

5 Vgl. hierzu sehr ausführlich und informativ: *Obst*, Apostel, S. 21 – 142.

Als es nach dem Tod eines Apostels zu Nachfolgestreitigkeiten kam, trennten sich die „apostolischen Gemeinden"[6] unter der Leitung des Apostels Friedrich Wilhelm Schwarz von der ACAM.

Aus diesen Gemeinden entwickelten entwickelte sich die Neuapostolische Kirche.

Bedeutsamste Figur der neuen Bewegung war der junge Apostel Friedrich Krebs. Er sorgte dafür, dass die Lehre stärker vereinheitlicht wurde und die zuvor locker verbundenen Apostelbezirke zentralistisch organisiert wurden. Außerdem führte er das Amt des Stammapostels ein, das nun über den anderen Aposteln stand.

Krebs übernahm dieses Amt selber und veränderte seine Bedeutung. Die Apostel, die nur noch vom Stammapostel berufen werden konnten, wurden nun neben der Bibel zu einem weiteren Offenbarungsträger. Wegen all dieser Veränderungen wird von manchen Autoren auch Krebs als der eigentliche Begründer und Organisator der neuapostolischen Gemeinschaft angesehen.[7]

Sein Nachfolger ab 1905 als Stammapostel war Hermann Niehaus, der die Macht seines Amtes noch weiter vergrößerte. Als Mittler zwischen Gott und der Gemeinde wurde das Amt des Stammapostels unter ihm zu einer Position, die letztlich außerhalb jeglicher Kritikmöglichkeit liegt. Ab 1930 übernahm Johann Gottfried Bischoff das Stammapostelamt. Er führte die NAK auch zur Zeit des NS-Regimes.[8]

---

6 Zu diesem Zeitpunkt bezeichneten sie sich noch nicht als „neuapostolisch"

7 Vgl. *Obst*, Apostel, S. 89

In den 1950er Jahren verkündete er, dass die Wiederkunft Jesu noch zu seinen Lebzeiten stattfinden würde. Nach seinem Tod wurde das Ausbleiben der Endzeit durch einen veränderten Ratschluss Gottes erklärt.[9]

1975 wurde unter Stammapostel Ernst Streckeisen der Sitz der NAK nach Zürich verlagert. Von 1988 bis 2005 übernahm Richard Fehr das Amt des Stammapostels. In seiner Amtszeit kam es zu einigen Veränderungen in der NAK, die vor allem darin bestanden, dass die Kirche sich aus ihrer zurückgezogenen Position löste, sich nach außen öffnete und den Dialog mit anderen Gemeinschaften suchte. Seit 2005 hat Wilhelm Leber das Stammapostelamt inne.

Die Neuapostolische Kirche ist hierarchisch aufgebaut. Der Stammapostel steht an ihrer Spitze. Er ist für die Einheit der Kirche und die Reinheit der Lehre verantwortlich und übt sein Amt in der Regel auf Lebenszeit aus. Außerdem ernennt er die Bezirksapostel, Apostel und Bischöfe.

Er ist für die Einheit der Kirche und die Reinheit der Lehre verantwortlich und übt sein Amt in der Regel auf Lebenszeit aus. Außerdem ernennt er die Bezirksapostel, Apostel und Bischöfe.

Alle weiteren Ämter, vom Bezirksältesten bis zum Diakon, werden von den Aposteln berufen. Im Grunde kann jeder Laie in ein Amt berufen werden und dann die Ämterhierarchie aufsteigen, ein unbescholtenes Leben und eine gründliche Kenntnis der neuapostolischen Lehre vorausgesetzt. Abgesehen von den Aposteln- und Bischofsämtern sind alle anderen Ämter ehrenamtlich.

---

8 Zu dieser Zeit tolerierte er nicht nur die nationalsozialistische Politik, sondern hieß sie sogar ausdrücklich gut. Die Geschichte der NAK während des NS-Regimes ist bis jetzt weder von Seite der Kirche noch von wissenschaftlicher Seite gründlich aufgearbeitet worden. Dies ist mit Sicherheit eine Forschungslücke, die in Zukunft dringend geschlossen werden müsste. (Anmerkung des Hrsg.: 2020 erschien im Wissenschaftsverlag PETER LANG das Buch von *Karl-Peter Krauss*: Inszenierte Loyalitäten? Die Neuapostolische Kirche in der NS-Zeit)

9 Vgl. *Obst,* Apostel, S. 112.

Frauen sind von jeglichen Ämtern ausgeschlossen.

In Deutschland gibt es zurzeit 2.545 neuapostolische Gemeinden mit insgesamt 371.305 Mitgliedern.[10] Finanziert wird die NAK durch Spenden (die sich am biblischen Zehnten orientieren), Kirchensteuern gibt es nicht.

Grundlage des neuapostolischen Glaubens ist die allgemeinchristliche Vorstellung eines dreieinigen Gottes.

Eines der wesentlichen Unterscheidungsmerkmale[11] im Vergleich zu anderen christlichen Gemeinschaften stellt das Apostelamt dar, das in der NAK eine herausragende Rolle spielt.

Die Apostel werden als von Jesus gesandt verstanden.

Sie verkünden das Evangelium, vergeben Sünden, setzen Amtsträger ein, spenden die Sakramente und setzen das von Christus begonnene Erlösungswerk fort.[12] Nur durch Vermittlung der Apostel können die Gläubigen göttliches Heil erlangen. Aufgabe der Apostel ist ebenfalls die Auslegung der Bibel und die Verkündigung des zeitgemäßen göttlichen Willens.

Unterschiede zu anderen christlichen Gruppierungen finden sich insbesondere auch in einem anderen Sakramentsverständnis.

Neben den Sakramenten der Taufe und des Abendmahles kennt die NAK noch die Versiegelung. Die Taufe mit Wasser reicht im neuapostolischen Verständnis als Voraussetzung für die Wiedergeburt nicht aus.

---

10 Stand 31.12.2006. Vgl. http:// www.nak.de/zahlen.html, Stand 20.09.07.

11 Zu den drei Unterscheidungsmerkmalen Apostelamt, Wiederkunft Christi und Entschlafenenwesen vgl. auch Vortrag von Reinhard Kiefer: „Was glauben neu-apostolische Christen", online abrufbar auf: http:// www nak-badragaz.ch/kiefer_wasglauben.php, Stand 20.09.07.

12 Vgl. *Rakow*, Entwicklung, S. 25

Sie muss vervollständigt werden durch die Taufe mit dem heiligen Geist. Diese kann durch Handauflegen von einem Apostel vollzogen werden. Durch die Versiegelung wird ein Mensch zu einem Kind Gottes. Dieses Sakrament ist als „der entscheidende geistliche Aufnahmeakt in die NAK"[13] zu verstehen.

Anders als in anderen Kirchen gibt es in der NAK die Spendung der Sakramente für die Verstorbenen (Entschlafenenwesen). Da die neuapostolischen Gläubigen an die Unsterblichkeit der Seele glauben, gibt es die Möglichkeit, verstorbenen unerlösten Seelen die Erlösung zu verschaffen. Dazu wird den Entschlafenen in bestimmten Gottesdiensten stellvertretend das Abendmahl gespendet.

Ein letztes entscheidendes Merkmal der neuapostolischen Glaubenslehre ist die baldige Erwartung der Wiederkunft Christi.

Zu diesem Ereignis wird Christus die Seinigen zu sich holen und das tausendjährige Friedensreich errichten. Im Anschluss hieran wird das Endgericht stattfinden. Mit der Zuversicht, dass Christus in Kürze wiederkommen wird, ist auch der feste Glaube an die Wirkmächtigkeit Gottes in der Geschichte verbunden.

---

13 Vgl. *Rakow*, Entwicklung, S. 27

3. Methodik

Der Weg ins Feld gestaltete sich für mich ausgesprochen unproblematisch, da es sich bei Manfred Kerner um den Vater eines guten Freundes handelt. Nachdem ich telefonisch Kontakt mit ihm aufgenommen hatte, berichtete ich ihm davon, dass ich im Rahmen meines Studiums ein Forschungsprojekt durchführen müsse. Sofort willigte er ein, in diesem Zusammenhang ein Interview mit mir zu führen.

Manfred Kerner ist Anfang fünfzig und selbstständig. Ursprünglich stammen er und seine Familie aus einer mittelgroßen Stadt im Ruhrgebiet. Zur Zeit lebt die Familie in einer kleinen Stadt in Ostfriesland. Zur Neuapostolischen Kirche kam Kerner mit sechs Jahren, als seine Eltern konvertierten. Somit hat er fast sein ganzes Leben in dieser Religionsgemeinschaft verbracht. Kerner ist ehrenamtlicher Priester und beschäftigt sich auch außerhalb dieser Tätigkeit gerne mit religiösen Themen.

Meine Wahl als Interviewpartner fiel auf ihn, weil ich mich bei früheren Besuchen schon gelegentlich mit ihm über Religion (nicht aber über seine eigene im Speziellen) unterhalten hatte. Deshalb vermutete ich, dass er bereitwillig und ausführlich über seinen Glauben berichten würde.

Schließlich führte ich zwei Interviews mit Kerner. Beide fanden im Haus der Familie statt. Der zeitliche Rahmen war jeweils großzügig angelegt, und die Interviews verliefen weitestgehend ungestört.

Das erste Interview umfasste einen Zeitraum von etwa anderthalb Stunden, das zweite dauerte etwa eine Stunde.

Beide Gespräche unterschieden sich in Vorbereitung und Ablauf: Beim ersten Interview handelte es sich um ein leitfadengestütztes Interview, in dem sowohl Fragen zum persönlichen als auch zum neuapostolischen Glauben allgemein eine Rolle spielten.

Schwerpunktmäßig ging es um die Themenkomplexe „persönlicher Glaube", Ökumene", „Glaubenslehre der NAK", "Gemeindeleben" sowie „kreativer Umgang mit Religiösität / Gedichte".[14]

Das zweite Interview war als ein narratives episodisches Interview angelegt. Es wurde ohne Leitfaden durchgeführt und diente dazu, näheres über die von Kerner im ersten Interview erwähnten persönlichen „Glaubenserlebnisse" zu erfahren.

Auswertungsziel der Arbeit ist eine Analyse des Glaubenslebens Kerners und eine Untersuchung der Gründe, warum bestimmte Aspekte dieses gelebten Glaubens gerade für ihn als neuapostolischen Christen von herausragender Bedeutung sind.

Die Analyse der Interviews richtet sich weitestgehend nach Philipp Mayrings „Qualitativer Inhaltsanalyse".[15] Zunächst wurde der Inhalt der für die Themenstellung relevanten Sequenzen zusammenfassend analysiert. Daran anschließend wurden in einem zweiten Schritt wichtige Themen und Schlüsselbegriffe herausgearbeitet und Kategorien aus dem Material gebildet. Einzelne Textpassagen wurden im Kontext der aktuellen wissenschaftlichen Literatur untersucht und erklärt. Schließlich kam es zur Bildung von Hypothesen und zur Zuordnung von Beispielen im Interview.

Zum Interviewverlauf gilt es abschließend zu erwähnen, dass Manfred Kerner ausgesprochen redegewandt ist. Er ist es gewohnt, frei zu sprechen, da er als neuapostolischer Priester regelmäßig spontane Predigten hält. Kerner ist in seinen Ausführungen ausgesprochen leidenschaftlich. Dies kann allerdings dazu führen, dass er bestimmte Vorkommnisse dramatisiert oder stark ausschmückt.

---

14 *Kerner* verfasst in seiner Freizeit Gedichte, in denen er auch religiöse Inhalte verarbeitet.

15 *Philipp Mayring*, Qualitative Inhaltsanalyse, in: Qualitative Forschung. Ein Handbuch, Reinbeck 2004, S. 468 - 475

4. Die Interviews

4.1 Lebendiger Glaube

4.1.1 „Der Glaube kommt aus der Predigt" – Bedeutung der Predigt für einen lebendigen Glauben

Bei der Untersuchung der Interviews fällt auf, dass Kerner vielfach betont, dass für ihn insbesondere die Lebendigkeit des Glaubens eine wichtige Rolle spielt. Gottes Wirken ist für Kerner nicht nur von historischer Bedeutung: Vielmehr vertraut er auf einen real in der Geschichte handelnden Gott: „Für mich ist Glaube nicht etwas, was früher einmal war, sondern das ist etwas, was in der Gegenwart wirksam ist."[16] Im Folgenden soll daher der „lebendige Glaube" Kerners näher untersucht werden. Zunächst soll es nun um die Bedeutung der neuapostolischen Predigt für einen neuapostolischen Glauben gehen.

Aus Manfred Kerners Sicht ist für die Entwicklung des Glaubens die Predigt im Rahmen des Gottesdienstes von außerordentlicher Bedeutung. Hierbei lehnt er sich an Röm. 10, 17. an, wo Paulus betont, dass der Glaube aus der Predigt komme:

„Das heißt, ohne Predigt, im Rückkehrschluss, kann der Glaube nicht wachsen. Und Glaube ist dann auch ein Produkt der Predigt, aus dem Wort Gottes, was im Gottesdienst verkündet wird."

Um die außerordentliche Bedeutung für die Predigt für den Glauben Manfred Kerners zu verstehen, ist es notwendig, sich die Besonderheiten des neuapostolischen Gottesdienstes vor Augen zu halten.

Anders als in vielen anderen christlichen Gemeinschaften wird in der Neuapostolischen Kirche vor dem Gottesdienst keine Predigt ausgearbeitet.

---

16 Die Zitate wurden sprachlich leicht geglättet.

Zwar kann sich der Priester mit Hilfe der sog. „Leitgedanken", die eine Bibelstelle und erläuternde Gedanken enthalten, auf den Gottesdienst vorbereiten, die Predigt wird aber letztlich in freier Rede gehalten.

Hierbei herrscht nun die Vorstellung vor, dass die freie Rede vom heiligen Geist durchwirkt ist. Der Gottesdienstbesucher hört also kein Menschenwort, sondern ein Gotteswort:

„Wir müssen erleben, dass durch den Menschen, durch den heiligen Geist, Gott spricht. (...) Es soll ja kein Menschenwort, keine menschliche Meinung verkündet werden, sondern wir wollen uns als ein Werkzeug im Gottesdienst hingeben. Deshalb auch die spontane Predigt, dass der Wille Gottes, das Wort Gottes ganz lebendig und aktuell verkündigt wird."

Auch die Gebete werden in der Regel spontan gehalten. Auf diese Weise ist es für den Gläubigen möglich, durch den jeweiligen Amtsträger den heiligen Geist sprechen zu hören und somit aktuelle Gottesworte zu vernehmen. Allerdings ist zu berücksichtigen, dass nicht jedem Wort, jedem Gedanken der Predigt göttliche Autorität zugesprochen wird. Wäre dies der Fall, so wäre das Kritisieren eines Amtsträgers nicht möglich, weil es letztlich immer Kritik am Gotteswort darstellen würde.

Kerner weiß aber selbst aus eigener Erfahrung als Priester, dass nicht alle Gottesdienste gleichermaßen gelingen. Er führt hierzu verschiedene Gründe an: Ausdrücklich erwähnt er, dass die Güte seiner Predigt auch immer davon abhinge, wie gut er selbst das biblische Textwort verstehe. Außerdem kommt es darauf an, ob er „den guten und heiligen Geist gut hören" könne oder ob er von anderen Dingen abgelenkt werde. Doch auch von der Gemeinde sei es abhängig, ob eine Predigt einen guten Verlauf nehme. Dies entspricht in etwa auch der offiziellen Argumentation der Kirche. Sie unterscheidet zwei Ebenen im Gottesdienst:

Einerseits gebe es die Ebene, auf der ein Mensch zu Menschen spricht und auf der es somit zu Fehlern kommen könne. Andererseits spreche auf einer zweiten Ebene der Heilige Geist durch den Amtsträger zu den Gläubigen, und derartige Gottesworte entzögen sich jeglicher Kritik.[17]

Verantwortlich für einen weniger gut gelungenen Gottesdienst sind also ausschließlich die beteiligten Menschen. Eine solche Unterscheidung ermöglicht aber immerhin die Kritik an der menschlichen Seite der Predigt.

Ziel der Gottesdienste ist es laut Kerner, den Menschen aufzubauen und in seinem Glauben weiterzubringen. Hierzu bedarf es eines aktuellen und wahrhaftigen Wortes, welches das Produkt der freien, spontanen Predigt der NAK ist.

Als Konsequenz daraus ergibt sich letztlich, dass Kerner dem Gottesdienst anderer christlicher Konfessionen die Aktualität und Lebendigkeit abspricht. Folglich können diese auch nicht oder nur eingeschränkt dazu dienen, den Menschen im Glauben voranzubringen. Kerner äußert sich diesbezüglich widersprüchlich: Zwar behauptet er zunächst, er verurteile es nicht, wenn eine Predigt vorher ausgearbeitet werde. Kurz darauf aber betont er erneut die Bedeutsamkeit der freien Rede:

„Sonst brauch ich ja keine Predigt halten, da kann ich auch sagen: ‚Hier, habt ihr alle ein Blatt Papier, könnt ihr nachlesen.'

Aber es soll ja eben was ganz Lebendiges sein, was eben spontan und augenblicklich aktuell ist."

Hieraus wird deutlich, dass Kerner zwar andere Formen des Gottesdienstes toleriert, ihnen aber im Endeffekt ihren Sinn, also eine Bestärkung des Glaubens, aberkennt.

---

17 *Rankow*, Entwicklungen, S. 102

4.1.2. „Gott ist gegenwärtig" – Die Wahrnehmbarkeit göttlichen Handelns im Rahmen von Glaubenserlebnissen

Es hat sich gezeigt, dass für einen lebendigen Glauben aus der Sicht Kerners ein lebendiger Gottesdienst mit freier Rede, so wie es in der NAK die Regel ist, konstitutiv ist. Seine Vorstellungen decken sich dabei weitestgehend mit den offiziellen Verlautbarungen seiner Kirche.

Die Wirksamkeit Gottes ist für Kerner aber bei weitem nicht auf Predigt und Gottesdienst beschränkt. Zu einem lebendigen Glauben gehören für ihn auch Erlebnisse, die sich außerhalb des Gottesdienstes ereignen. Auch im täglichen Leben kann man, so glaubt er, immer wieder die Wirkmächtigkeit Gottes spüren. Dies spielt sich im Rahmen dessen ab, was Kerner als „Glaubenserlebnisse" bezeichnet:

„Ein lebendiger Glaube hat meiner Meinung nach dann auch Glaubenserlebnisse, das ist dann eine praktisch so eine interaktive Aktion, die mich ganz persönlich betrifft."

Diese Glaubenserlebnisse lassen sich im Wesentlichen in zwei Kategorien aufteilen, die sich in vielen Fällen auch über schneiden können.

Einerseits sind es die Erlebnisse auf einer rein menschlichen Ebene. Diese hängen zumeist damit zusammen, dass Kerner dadurch, dass er seinen Glauben bekennt oder mit anderen Menschen über Glaubensinhalte diskutiert, neue Menschen kennenlernt bzw. dadurch langfristige Freundschaften entstehen. Diese „Glaubenserlebnisse" oder „Erlebnisse mit dem Glauben" sind insbesondere in den noch folgenden Abschnitten zu den Themen Ökumene und Öffentlichkeitsarbeit von Bedeutung.

Andererseits beschreibt Kerner Glaubenserlebnisse, die direkt mit seinem „himmlischen Vater" zusammenhängen.[18]

Diese können darin bestehen, dass sich Kerner in Problemsituationen im Gebet an Gott wendet, der dann im Idealfall darauf reagiert und ihm hilft[19], oder dass Kerner in bestimmten Vorgängen das Wirken Gottes erkennt.

„Glaube ist für mich eine lebendige Beziehung zu Gott." So definiert Manfred Kerner zu Beginn des ersten Interviews seinen Glauben. Um eine lebendige Beziehung zu Gott zu erreichen, versucht er mit Hilfe von Gebeten einen direkten Kontakt zu ihm herzustellen. Insbesondere im zweiten Interview gibt er einige Beispiele dafür, wie dies ablaufen kann.

Hierzu zählt u.a. eine Situation, in der er auf einer Beerdigung eines konfessionslosen Verstorbenen auf Wunsch dessen neuapostolischen Familie ein Gebet sprechen sollte. Eine Predigt war ihm zuvor von Kirchenseite verboten worden. Mit dieser Situation war er ausgesprochen unzufrieden, da er befürchtete, mit einem einfachen Gebet nicht die Erwartung der Gäste erfüllen zu können. Deshalb nahm er sich vor, ein überlanges Gebet auszuarbeiten und darin das Wort „Gnade" zu behandeln. In dieser Situation wandte er sich betend zu Gott.

Der habe sein Gebet erhört, so Kerner, und den Bezirksältesten dazu bewegt, ihn anzurufen. Der Bezirksälteste gestattete ihm dann im Telefonat, nun doch eine Predigt zu halten, aufbauend auf dem Textwort: „Herr, sei mir gnädig". Er schlug ihm also für die Predigt die gleiche Thematik vor, zu der Kerner ohnehin hatte sprechen wollen.

---

18 Eine ähnliche Unterscheidung verschiedener Ebenen von Glaubenserlebnissen nimmt Kerner auch selber vor. Zu den genannten kommt bei ihm noch die Ebene innerhalb der heiligen Schrift, *„wenn ich die heilige Schrift aufschlage und mir ein Wort erbete."* Hierfür nennt er aber im Laufe des Interviews keine konkreten Beispiele.

19 Auf die Frage, was passiere, wenn Gott seine Gebete nicht erhört, hätte ich im Interview näher eingehen können. Dies habe ich ihm Verlauf des Gespräches leider vergessen.

Aus Kerners Sicht half Gott ihm aus einer schwierigen Situation, nachdem er sich ihn in einem Gebet um Beistand gebeten hatte.

Ganz ähnlich gestaltet sich ein anderes „Glaubenserlebnis" Kerners: Direkt nach einem Todesfall in der Gemeinde wurde Kerner von der Frau des Verstorbenen angerufen. Er suchte die Wohnung der Witwe auf, um seine Aufgabe als Seelsorger wahrzunehmen.

Als er dort ankam, bat ihn die Frau, er möge ihr doch ein Textwort aus der Bibel schenken. Allerdings hatte Kerner kein Wort aus der Bibel vorbereitet. Deswegen betete er zu Gott, dieser solle ihn nicht im Stich lassen und ihm ein Wort geben.

Kerner schlug die Bibel auf und fand sofort den Psalm: „Herr, ich danke dir, dass ich ruhig und sicher schlafe, ich wohne in deinen Wohnungen.". Dieser war für die Situation angemessen und gefiel darüber hinaus auch der Witwe sehr gut.

Wie sich in beiden Beispielen zeigt, ist Kerner der Überzeugung, dass es möglich ist, mit Gott zu kommunizieren. Allerdings kann nicht jeder Mensch Kontakt mit Gott herstellen: *„(Man) muss (...) natürlich den Glauben haben, sonst funktioniert der Draht nicht."*

Besonders auffällig an den von Kerner dargestellten Erlebnissen des Glaubens ist, dass sich in ihnen der Kontakt zu Gott nicht wie eine interaktive Aktion, z.B. in einem Dialog oder in einem Gespräch, darstellt. Gott spricht nicht direkt zu Kerner oder steht ihm direkt mit Rat zur Seite.

Vielmehr manifestiert sich Gottes Wirksamkeit in mehr oder weniger objektiv erkennbaren Ereignissen, wie in den vorangegangenen Fällen in dem Anruf des Bezirksältesten oder im Aufschlagen einer passenden. Bibelpassage.

Gottes Wirken zeigt sich also, zumindest aus Kerners Sicht, in Vorgängen, die prinzipiell auch für alle Menschen wahrnehmbar sind. Im Gegensatz zu einer persönlichen Gotteserscheinung oder einer göttlichen Eingebung haben solche Vorkommnisse den Vorteil, dass sie auf eine gewisse Art „beweisbar" sind. Gott hat ja, zumindest aus Kerners Perspektive, für jeden sichtbar in den Lauf der Dinge eingegriffen! Hier zeigt sich schon ein Aspekt, der für den Glauben Kerners durchaus typisch zu sein scheint. Zwar antwortet er auf die eingangs des ersten Interviews gestellte Frage, was für ihn Glauben bedeute: „Glaube heißt erst mal, dass ich etwas für wahr halte, was ich nicht beweisen kann."

Allerdings relativiert er diese Aussage schon kurz danach, indem er einräumt, dass ein indirekter Beweis schon möglich wäre. Solche indirekten Beweise scheint Kerner zu erbringen versuchen, wenn er über seine „Glaubenserlebnisse" spricht.

Deutlich wird dies auch bei einem weiteren Erlebnis, von dem er berichtet: Während eines Urlaubs buchte er einen Segeltörn. Nun stellte sich aber heraus, dass das Schiff den Namen „Satansbraut" trug, was Kerner mit seinem Glauben nicht vereinbaren konnte.[20] Da er viele Teilnehmer am Törn selber geworben hatte, wollte er aber auch nicht absagen. Deswegen betete er zu Gott, dass er nicht mitfahren müsse.

„Und es ist wirklich so gewesen, an dem Tag wo wir fahren sollten, kriegte ich eine fürchterliche Magenverstimmung, jedenfalls, ich brauchte Gott sei Dank nicht an diesem Segeltörn teilnehmen. (...) Und ich kriegte auch mein Geld wieder, ich war ja krank, war ja höhere Gewalt, sagt man ja auch gerne ... Und am nächsten Tag war ich wieder putzmunter"

---

20 *Ich habe gesagt ich möchte BRAUT CHRISTI sein, und keine Satansbraut"*. Gerade für Kerner als neuapostolischen Christen musste der Name „Satansbraut" ein besonderes Problem darstellen, da die Selbstbezeichnung der neuapostolischen Christen als „Braut Christi" der üblichen NAK-Terminologie entspricht.

Aus Kerners Sicht hat ihm Gott also in diesem Fall in seiner prekären Situation geholfen. Im Gegensatz zum üblichen Sprachgebrauch sind die Ausdrücke „Gott sei Dank" und „höhere Gewalt" durchaus im wörtlichen Sinne zu sehen. Im folgenden betont Kerner mit Nachdruck, dass sich dieser Vorfall tatsächlich wie geschildert abgespielt hat:

„*Und es war wirklich keine getürkte Krankheit, ich war wirklich krank. Meine Frau war ja dabei. Ich musste ja das ganze ... den ganzen Tag musst ich im Bett liegen. Ich war wirklich krank.*"

Kerner scheint damit andere davon überzeugen zu wollen, dass seine spontane Krankheit und Genesung auf beinahe unerklärliche Art und Weise zustande gekommen sind, und dies letztlich die überzeugendste Erklärung hierfür ein göttliches Eingreifen ist.

In manchen Situationen zeigt sich das Handeln Gottes auch, ohne dass es dazu einer Initiative des Gläubigen z.B. im Gebet bedarf. So berichtet Kerner, dass er von einem Freund zu seiner eigenen Hochzeit ein Textwort geschenkt bekommen habe, welches lautete: „Einer trage des anderen Last". Diesen Freund hatte Kerner aus den Augen verloren. Jahre danach entschloss er sich, ihm eine Weihnachtsbotschaft zu schicken. Er nahm eine Briefmarke, um den Brief zu frankieren, und stellte fest, dass auf dieser Marke genau der Bibelvers stand, den der Freund ihm und seiner Frau geschenkt hatte: „*Einer trage des anderen Last*".

Kerner ist sich darüber im Klaren, dass dieses und auch all die anderen Ereignisse, die er als Glaubenserlebnisse betrachtet, von den meisten Außenstehenden anders interpretiert werden:

„*Ein Atheist würde sagen: Zufall*". Immer wieder betont Kerner, dass für *den Großteil der Menschen solche Vorfälle rein zufällig wirken, was seiner Meinung nach darin begründet liegt, dass diese Menschen die Welt aus einem falschen Blickwinkel betrachten:* „*Man kann immer sagen: ‚Das ist Zufall'. Aber der Gläubige sieht mehr!*"

Mit dem nötigen Glauben ist es für Kerner also möglich, in scheinbar unbedeutenden Ereignissen das Wirken Gottes zu erkennen. Der Gläubige hat also eine andere Sicht auf die Welt, interpretiert die Dinge anders als andere Menschen.

Obwohl es eigentlich auf den Blickwinkel ankommt, versucht Kerner dennoch in gewisser Weise, den Beweis dafür zu erbringen, dass es sich bei seinen Glaubenserlebnissen eben nicht um Zufälle handelt, sondern tatsächlich um ein übernatürliches Eingreifen.

Dies versucht er beinahe empirisch zu belegen:

„Und da hab ich mir mal (gedacht), ich bin ja immer gut in Mathe gewesen: Das kann, mathematisch kann das gar nicht funktionieren, dass das noch in den Zufallsgenerator reinpasst."

Kerner versucht zu zeigen, dass einzelne seiner Erlebnisse durchaus als Zufälle betrachtet werden könnten, dass aber die Häufigkeit fast zwangsläufig darauf hindeutet, dass eine übernatürliche Macht ihre Finger im Spiel hat. Warum argumentiert er nun aber auf diese Art und Weise mit der Quantität der Vorfälle?

Einerseits ist es wahrscheinlich, dass dies dazu dient, auch sich selbst abzusichern, sich selbst zu bestätigen, dass die eigene Interpretation des Weltgeschehens logisch und nachweislich die naheliegendste ist. Dies ist aber wohl nur ein Teil der Antwort, denn schließlich gibt Kerner auch zu, dass Teile der neuapostolischen Glaubenslehre, insbesondere die Naherwartung der Wiederkunft Christi, überhaupt nicht beweisbar sind und einen starken Glauben erfordern. Für den eigenen Glauben braucht er also nicht zwangsläufig Beweise.

Andererseits scheint seine Argumentation vielmehr auch darauf abzuzielen, seine jeweiligen Zuhörer so gut wie möglich von der Plausibilität seiner Ausführungen zu überzeugen. Dies führt zu der Frage, welche Bedeutung den „Glaubenserlebnissen" von denen Kerner berichtet, zukommt.

Es scheint so, als erfüllen sie im Glauben Kerners eine doppelte Funktion: Auf der einen Seite sollen sie den persönlichen Glauben stärken, auf der anderen Seite sind sie aber auch dazu gedacht, kommuniziert und anderen Menschen im Rahmen von (Glaubens-) Gesprächen erzählt zu werden.

In der Neuapostolischen Kirche wird besonderer Wert auf die Wirkmächtigkeit Gottes in der Welt gelegt. Aus diesem Grunde spielt „persönliches, von kirchlicher Amtsautorität unabhängiges Gotteserleben (und eine) Unmittelbarkeit der Glaubenserfahrung"[21] für den neuapostolischen Gläubigen eine wichtige Rolle.

In diesem Punkt unterscheidet sich die NAK nicht von der freikirchlichen Tradition. [22]

Um sich immer wieder der Wirksamkeit Gottes in der Welt zu versichern und seinen Glauben daran zu bestärken, sucht Kerner Bestätigung in seinen „Glaubenserlebnissen". Er analysiert die Vorgänge um sich herum und sucht Belege dafür, dass Gott aktiv in der Welt handelt:

„Das Ganze kann man dann aber auch: wieder unter dem Gesichtspunkt sehen: ‚Gott ist gegenwärtig'. Das konnte man dann auch jetzt erleben. Aus der Sicht des Gläubigen?. Ja? Und dann ist das natürlich ein ganz, ganz außergewöhnliches Erlebnis, Glaubenserlebnis. (...) Und so was stärkt wieder den Glauben."

Eine derartige Weltsicht scheint übrigens in der Neuapostolischen Kirche ausgesprochen verbreitet, ja üblich zu sein.

Obwohl in der aktuellen Literatur zur NAK die sog. „Glaubenserlebnisse" nicht einmal Erwähnung finden[23], scheinen sie doch einen wichtigen Teil des Glaubenslebens eines neuapostolischen Christen auszumachen.

---

21 + 22 *Manuela Martinek* Die Neuapostolische Kirche in Deutschland, Marburg 1998, S. 33

23 andeutungsweise allerhöchstens bei *Martinek*, NAK, S. 33.

Bei einer Internetrecherche zeigt sich schnell, dass das Thema „Glaubenserlebnisse" zu einem überwältigenden Anteil auf Seiten oder in Foren der NAK behandelt wird.[24] Das ein Christ Glaubenserlebnisse haben sollte, scheint in der NAK so selbstverständlich zu sein, dass es in offiziellen Publikationen gar nicht erwähnt werden muss.

Neben dem Effekt, dass „Glaubenserlebnisse" Kerner in seinem Glauben persönlich bestärken und voranbringen, haben sie aber auch immer eine zweite Funktion. Mehrfach deutet er im Rahmen der Interviews an, dass diese Erlebnisse auch immer kommuniziert werden sollen. Sie sollen den Gesprächspartner beeindrucken und ihn von der Wirksamkeit Gottes überzeugen. Hierzu zählt auch, mit möglichst vielen Belegen und Beweisen die Authentizität der eigenen Erlebnisse zu unterstreichen und sie für das Gegenüber glaubwürdig zu machen. Letztlich ist die Kommunikation von Glaubenserlebnissen also auch immer mit Mission verbunden. Allerdings betont Kerner mehrfach, dass dies nur ein Nebeneffekt sein sollte:

„Ob der andere, der das dann von mir hört auch verstehen kann und verstehen will, das ist eine ganz andere Frage. Das lässt aber mein PERSÖNLICHES Erleben unberührt."

---

24 Als besonders umfangreich sei hier exemplarisch die Seite des Tio-Magazins, des Jugendmagazins der neuapostolischen Jugend im Bezirk Köln-West, verwiesen: http://www.tio-online.de. Stand 20.09.2007. Hier findet sich ein Archiv mit Glaubenserlebnissen von neuapostolischen Jugendlichen. Diese ähneln in ihrer Struktur stark den von Kerner genannten. Weitere Informationen finden sich ohne weiteres mit einer einfachen Suche zum Begriff „Glaubenserlebnis" in den einschlägigen Suchmaschinen. Warum der relativ neutral wirkende Begriff fast ausschließlich von der NAK verwendet wird, ist für mich nicht verständlich.

4.2. Interkonfessionelle Kontakte – zwischen Ökumene und Mission

4.2.1 „Das hat nur verschiedene Schwerpunkte" – Beziehungen zu Christen/Ökumene

Zu einem lebendigen Glauben gehört für Kerner auch immer der Kontakt zu anderen Christen. Im Verlauf des Interviews wird deutlich, dass sich Manfred Kerner nicht von Christen anderer Konfession abgrenzt, sondern ganz im Gegenteil auf vielfältige Art und Weise Kontakte zu seinen christlichen Mitmenschen pflegt.

Für ihn hat Glaube auch immer einen „zwischenmenschlichen Charakter", und dies beschränkt sich bei weitem nicht auf die eigenen Religionsgemeinschaft. Schon früh im ersten Interview äußert er sich zur Ökumene:

„Die Christen sind ja auch bestrebt, ÖKUMENE zu praktizieren. Und Ökumene ist etwas, da sind die Christen eigentlich alle dran interessiert."

Von den ökumenischen Bemühungen erhofft sich Kerner verschiedene positive Effekte: Zum einen herrsche in der Ökumene Toleranz zwischen den einzelnen Konfessionen, zum anderen könne man in diesem Rahmen die *„eigenen Unterschiede gut DEFINIEREN, ohne, dass man den anderen herabsetzt oder beleidigt."*

Gerade in der aktuellen Situation misst er den ökumenischen Entwicklungen in der gesamten Christenheit eine besondere Bedeutung zu. Die christlichen Kirchen müssten zusammenhalten, *„alleine auch schon, weil der ISLAM in Deutschland auch immer größer wird (...) Und da möchte man einfach auch Zeichen setzen, dass man sich nicht unterbuttern lassen möchte."*

Dies entspricht in etwa der neuapostolischen Kirchenleitung, die einen Grund für die Wichtigkeit der Ökumene ebenfalls in der zunehmenden Bedrohung durch nichtchristliche und antichristliche Gruppierungen sieht.

Die Ökumene sei eine Möglichkeit, dem Evangelium wieder mehr Gewicht zu verleihen.[25]

Die ausgesprochen positive Einstellung Kerners in Bezug auf ökumenische Bestrebungen ist mit Sicherheit auch vor dem Hintergrund der Entwicklungen in der NAK seit Anfang der 1990er Jahre zu sehen. Aufgrund von negativer Berichterstattung in den Medien, in deren Verlauf immer wieder der Sektenvorwurf gegen die Kirche erhoben wurde, setzte sich in der NAK ein Öffnungsprozess in Gang, der auch eine bessere Verständigung zum Inhalt hatte. Kerner ist sich dieser Entwicklung in seiner Glaubensgemeinschaft durchaus bewusst. Allerdings sieht er die Schuld an mangelnder ökumenischer Verständigung nicht nur bei seiner eigenen Kirche. Auch von Seiten der anderen christlichen Kirchen sei gemauert worden.

Auffällig an Kerners Ausführungen zu anderen Kirchen ist, dass er bemüht ist, die Unterschiede zwischen diesen und der NAK als ausgesprochen gering darzustellen. Im Gegenzug betont er immer wieder die Gemeinsamkeiten grundlegend identischen Glaubensvorstellungen aller christlichen Kirchen. Letztlich unterschieden sich die christlichen Konfessionen lediglich in unterschiedlichen Schwerpunktsetzungen und Interpretationen.:

„Wir haben eine andere Interpretation von dem (...) was in der Bibel steht, das ist alles verständlich. Aber das hat die evangelische Kirche auch, das hat die katholische Kirche. Innerhalb der evangelischen Kirche gibt es sogar sehr viele verschiedene Interpretationen!"

Ob die trennenden Elemente zwischen der NAK und den anderen christlichen Konfessionen wirklich so gering sind, wie Kerner es darstellt, ist fraglich. Auf Themen, die Konfliktpotential im Zusammenhang mit den ökumenischen Bemühungen beinhalten, geht er nicht näher ein. Vielmehr versucht er, die NAK als eine offene Kirche darzustellen, die sich tolerant gegenüber anderen Glaubensvorstellungen zeigt.

25 Vgl. *Rakow*, Entwicklungen, S. 65.

Dies hängt aller Wahrscheinlichkeit nach damit zusammen, das er das Interview mit mir als eine Art von Öffentlichkeitsarbeit[26] betrachtet, deren Ziel es u.a. auch ist, ein positives Bild der NAK zu vermitteln. Indem Kerner die Unterschiede zwischen NAK und anderen Christen in den Hintergrund rückt, versucht er der Gefahr entgegenzuwirken, dass die NAK als eine sektiererische Gemeinschaft angesehen wird. Als solche wird die Kirche insbesondere von Seiten mancher evangelischer Theologen verstanden, die sich insbesondere auf den Exklusivitätsanspruch der NAK beziehen. Lange Zeit verstand sich die Kirche als die einzige Kirche Christi und sprach damit den anderen christlichen Gemeinschaften das „Kirche-sein" ab.[27]

Diese Position wurde insbesondere in den vergangenen Jahren modifiziert. Je weiter aber die NAK ihre klassische Position aufgibt bzw. in den Hintergrund stellt, desto mehr geht ihre eigene Identität verloren. Vor diesem Dilemma steht auch Kerner. Besonders den Exklusivanspruch seiner Kirche blendet er fast vollständig aus., deutet ihn allenfalls an als einen vielleicht nicht begründeten „elitären Anspruch", den die NAK in der Vergangenheit eingenommen habe. Ob ein Exklusivitätsdenken bei Kerner tatsächlich fehlt, lässt sich nicht mit Sicherheit sagen. Jedenfalls war er nicht immer so tolerant in der Anerkennung anderer christlicher Kirchen: So weigerte er sich beispielsweise in seiner Jugend, an einem evangelischen Gottesdienst teilzunehmen, mit der Begründung, er könne nicht zwei verschiedenen Herren dienen.

Für Kerners persönliche Kontakte zu Christen anderer Konfessionen sind Unterschiede in der Glaubenslehre ohnehin von geringer Bedeutung. Dies zeigt sich in vielen, auch engen freundschaftlichen Verhältnissen zu anderen protestantischen Christen. Auf einer gemeinsamen christlichen Basis ist aus seiner Sicht eine sehr gute Verständigung möglich. Kerner geht es persönlich vor allem um Kontakte auf einer privaten Ebene.

---

26 Vgl. Abschnitt 4.2.2.

27 Vgl. *Rakow*, Entwicklungen, S. 30

Die Aufgabe, in Verbindung mit den großen christlichen Kirchen zu treten, liegt aus seiner Sicht alleine bei der Leitung der NAK:

„Das ist Aufgabe der Kirchenleitung. Das wäre Blödsinn, wenn ich mich da einmischen würde. Das läuft auf der hohen Kirchenleitung, wir werden auch von der Kirchenleitung unterrichtet."

Eine solche Aufteilung ist auch im Interesse der NAK-Führungskreise: Auf privater Ebene sind Kontakte durchaus erwünscht[28], auf der Ebene der Kirchenleitung verhält man sich dagegen zurückhaltender. Die positive Haltung der NAK zu interkonfessionellen Begegnungen auf privater Ebene ist allerdings wie viele andere Entwicklungen ein Produkt der Öffnungstendenzen seit Mitte der 1990er Jahre. In diesem Zusammenhang sollte deswegen darauf hingewiesen werden, dass Kerners Kontakte und Freundschaften zu Mitgliedern anderer Religionsgemeinschaften (teilweise weit) in die Zeit vor 1990 zurückreichen. Man kann somit wohl ohne Übertreibung behaupten, dass Kerner im Rahmen seiner Kirche eine durchaus progressive Rolle einnimmt.

---

28 Vgl. *Rakow*, Entwicklungen, S. 94.

4.2.2 Den Glauben bekennen - Öffentlichkeitsarbeit und Mission

Nicht außer acht gelassen kann die Frage, aus welchem Grund Kerner sich darum bemüht, Kontakte zu Mitgliedern anderer Kirchen aufzunehmen. Was erhofft er sich davon? Ist möglicherweise der gute Kontakt zu Christen anderer Konfession vor allem als Versuch anzusehen, das Bild der Neuapostolischen Kirche unter anderen Kirchen zu verbessern? Schließlich wird in der offiziellen evangelischen Apologie die NAK noch immer zu den klassischen christlichen Sekten gerechnet. Oder geht das Interesse Kerners möglicherweise weiter, ist sein Ziel letztlich die Mission?

Im Vorfeld der Interviews hatte Kerner mir gegenüber bemerkt, die Gespräche mit mir seien für ihn u.a. auch deswegen interessant, weil er und die NAK immer an Öffentlichkeitsarbeit interessiert seien.

Auch im zweiten Interview fällt dieser Ausdruck: Kerner verwendet ihn im Zusammenhang mit dem Besuch bei einem protestantischen Pfarrer in einer schwedischen Kleinstadt:

„Dann habe ich gedacht, hier oben in der Wildnis hat bestimmt noch niemand was von der Neuapostolischen Kirche gehört. Da muss ich doch mal die Öffentlichkeitsarbeit machen."

Geht es Kerner hierbei also nur darum, den Bekanntheitsgrad seiner Kirche zu vergrößern und ihr Image zu verbessern, oder ist doch im Endeffekt die Hoffnung, den Gesprächspartner missionieren zu können?

Hierzu ist es notwendig, sich mit der Haltung der NAK zur Mission an sich auseinander zu setzen. Diese hat sich vor allem im Rahmen der Debatte um die sogenannten Jugendreligionen deutlich gewandelt.

Die persönliche Missionsarbeit der neuapostolischen Gläubigen wird als ‚Weinbergsarbeit' bezeichnet. Und ist in der NAK von gewichtiger Bedeutung. Jahrzehntelang bestand sie vor allem in der klassischen Mission von Tür zu Tür.

Diese wurde allerdings unter dem letzten Stammapostel Fehr abgeschafft, im Wesentlichen aus zwei Gründen: Einerseits war sie nicht sonderlich effizient, andererseits haftete ihr ein negatives, sektiererisches Image an, welches besonders von Austeigern heftig kritisiert wurde. An Stelle der Türmission trat das, was von der NAK heutzutage als „Öffentlichkeitsarbeit" bezeichnet wird.

Die Öffentlichkeitsarbeit der NAK ist „in großen Teilen auch weiterhin Missionsarbeit (...) und (...) soll die Kernaussagen des neuapostolischen Glaubens vermitteln."[29] Für den einzelnen bedeutet dies die „Mission im eigenen persönlichen Umfeld, in dem geeignete Situationen für Glaubensgespräche gesucht oder geschaffen werden."[30]

Interessant ist nun in diesem Zusammenhang, dass Kerner eben genau den Begriff der Öffentlichkeitsarbeit mehrfach gebraucht, ohne darauf einzugehen, ob es sich dabei letztlich implizit um Mission handelt. Nur am Rande erwähnt er, dass es wichtig sei, den eigenen Glauben zu bekennen.. Dies beinhaltet wohl den Versuch, zu missionieren. Seine Einstellung hierzu wird besonders deutlich an einem Artikel aus der „Welt am Sonntag", den Kerner mir anlässlich der Pfingstfeiertage zukommen ließ und der das Thema Mission behandelt. Es ist zu vermuten, dass sich der Inhalt des Artikels im Wesentlichen mit der Einstellung Kerners zur Thematik deckt.

Unter dem Titel „Pfingsten heißt Missionierung" übt der Verfasser des Artikels, Matthias Kamann, Kritik daran, dass Mission in der heutigen Zeit zu einem Tabuthema geworden sei. Er verteidigt sie als Methode, „ohne Druck und Gewalt andere davon zu überzeugen (...), dass man die bessere Geschichte zu erzählen hat":

---

29 *Rakow*, Entwicklungen, S. 49. Die Definition der Öffentlichkeitsarbeit als Missionsarbeit diente auch dazu, den neuen Kurs der Kirche für die eher konservativen, auf Abschottung bedachten Mitglieder der Kirche akzeptabel zu machen.

30 Ebd. S. 49 Anm. 49.

„Nichts anderes ist ja Mission: leidenschaftliches Reden über das, was man als Glaubenswahrheit erfasst zu haben meint."

Es ist also wahrscheinlich, dass Kerner der Mission durchaus positiv gegenübersteht. Vermutlich hat er, zumindest im Hinterkopf, die Hoffnung, seine Gesprächspartner von seinem eigenen Glauben zu überzeugen zu können.

Allerdings wäre es falsch, seine Kontakte zu anderen Christen nur vor diesem Hintergrund zu betrachten. Auch, wenn es misslingt, dem Gesprächspartner die eigenen Glaubensinhalte nahe zu bringen, bedeutet das für Kerner nicht, dass er sich von ihm abwendet. Vielmehr entstehen aus den Unterhaltungen z. T. lang andauernde Freundschaften. Allerdings legt er Wert darauf zu betonen, dass es ihm gelungen sei, die Akzeptanz gegenüber seiner Kirche zu erhöhen.

5. Ergebnis

Im vorangegangenen hat sich gezeigt, dass für Kerners Glauben die Gewissheit des Vorhandensein eines Gottes, der jederzeit handeln in die Geschichte eingreifen kann, ausgesprochen wichtig ist. Die Präsenz Gottes zu spüren ist für ihn ein wichtiger Teil seines lebendigen Glaubens. Um sich der Wirksamkeit dieses Gottes zu versichern, ist es für Kerner bedeutsam, das Wort des Herrn im Gottesdienst zu vernehmen. Dies ist letztlich nur in der neuapostolischen Predigt möglich, da nur in der freien Rede der Heilige Geist durch den Menschen sprechen kann. Gottesdiensten anderer Konfessionen spricht Kerner letztlich die Lebendigkeit ab.

Ebenfalls ist es für ihn wichtig, das Wirken Gottes in der Welt im Rahmen seiner Glaubenserlebnisse zu erkennen. Er ist sich bewusst, dass viele Vorkommnisse, in die er das Handeln Gottes interpretiert, von anderen Menschen als Zufälle betrachtet werden. Dies liege aber daran, dass sie die Welt nicht aus einem gläubigen Blickwinkel betrachten würden. Es geht Kerner mit seinem Glaubenserlebnissen auch darum, sich immer wieder der Wahrheit des eigenen Glaubens zu versichern. Darum sucht er nach Indizien, ja sogar ‚Beweisen´, die das Handeln in bestimmten Situationen nahe legen.

Sie sind auch deshalb von Bedeutung, weil die Glaubenserlebnisse verbreitet werden sollen, um andere Menschen von der Richtigkeit des neuapostolischen Glaubens überzeugen zu können. Anscheinend ist es speziell neuapostolisch, an einen Gott zu glauben, der in das menschliche Handeln eingreift und dessen Einflussnahme man im Rahmen von Glaubenserlebnissen erkennen kann. Diese werden allerdings in der Literatur nicht erwähnt.

Lebendigkeit beschränkt sich für Kerner nicht nur auf einen intensiven Kontakt zu Gott, sondern äußert sich auch immer im Umgang mit anderen Menschen, insbesondere mit Christen. Auf dieses zwischenmenschliche Element legt Kerner großen Wert.

Er sucht immer wieder Kontakt zu Andersgläubigen, und dies schon seit einer Zeit, in der die Kirchenleitung noch stärker auf eine Abgeschiedenheit der NAK beharrte.

Im Gespräch mit anderen Christen stellt er die Unterschiede der NAK in den Hintergrund und versucht, Verbindungen auf eine allgemein christlichen Ebene herzustellen. Sicherlich verfolgt er dabei, wie es sich gezeigt hat, auch das Ziel, zu einer positiven Außendarstellung seiner Kirche beizutragen. Letztlich wäre es ebenso in seinem Interesse, durch ein leidenschaftliches Vortragen seiner Glaubensüberzeugungen andere Menschen von der NAK zu überzeugen. Seine Kontakte zu anderen Christen allerdings nur unter solchen Gesichtspunkten zu betrachten, wäre sicherlich falsch. Schließlich hat er zahlreiche Verbindungen zu Menschen, die nicht von seinem neuapostolischen Glauben wissen, oder trotz seiner Erzählungen auf ihren eigenen Glauben beharren.

In vielen Punkten orientiert sich Kerner im Ausleben seines Glaubens an den Richtlinien seiner Kirche. Diese hat sich seit den 1990ern stark in ihrem Verhalten zur Öffentlichkeit gewandelt, und Kerner scheint die neue, aufgeschlossene Haltung voll verinnerlicht zu haben. Mehr noch, schon vor der offiziellen Öffnung der NAK bemühte er sich, tolerant gegenüber anderen Glaubensgemeinschaften zu sein und auf sie zuzugehen. In dieser Rolle nimmt er in der NAK eine ausgesprochen progressive Haltung ein.

6. Literaturverzeichnis

6.1 Literatur

Martinek, Manuela, Die Neuapostolische Kirche in Deutschland, Marburg 1998.

Mayring, Philipp, Qualitative Inhaltsanalyse, in: Qualitative Forschung. Ein Habdbuch, Reinbek 2004, S. 468 – 47

Obst, Helmut Apostel und Propheten der Neuzeit. Gründer christlicher Religionsgemeinschaften des 19. und 20. Jahrhunderts, 4. erweiterte Auflage, Göttingen 2000

Rakow, Katja, Neuere Entwicklungen in der Neuapostolischen Kirche. Eine Dokumentation des Öffnungsprozesses, Berlin 2004

6.2 Websites

www nak.de, Stand 20.09.07

www.nak-badragaz.ch/kiefer_wasglauben.php, Stand: 20.09.07

www tio-online.de, Stand 20.09.07

Nachwort

Holger Hespen hatte vor dem Interview mit Manfred Kerner noch an keinem Gottesdienst der Neuapostolischen Kirche teil genommen. So konnte er die persönliche und subjektive Aussage von Manfred Kerner weitestgehend objektiv und neutral mit all den Aussagen über die NAK vergleichen und die vorliegende Ausarbeitung erstellen, für die er übrigens die Note 1,0 erhielt.

Doch was passiert, wenn er nun auch einmal einen Gottesdienst besucht, wie erlebt er und andere die von ihm beschriebene „Wirkmächtigkeit Gottes"?! Gibt es in diesem Zusammenhang so etwas oder werden nur „Zufälle" geschickt zusammen gestellt?

Hier bieten sich dem Betrachter nun folgende Fakten an:

Am 27.01.2008 diente der Apostel Kerners in dessen Gemeinde mit einem Textwort, mit dem Stammapostel Leber schon einmal gedient hatte: „Denn wir haben hier keine bleibende Stadt, sondern die zukünftige suchen wir." (Hebräer 13, 14.)

Zu diesem Gottesdienst hatte Kerner Holger Hespen eingeladen und nach dem Gottesdienst gab es während eines kleinen Imbisses noch ein Gespräches zwischen dem Apostel und Holger Hespen.

Sechs Tage bekam Kerner überraschend eine Email von einem befreundeten Priester aus Tübingen mit einem Text über den Gottesdienst vom Stammapostel Leber, den dieser am 06.01.2008 in Tübingen gehalten hatte. Es war das o.g. Wort aus Hebräer!

Zwei Stunden später erfuhr Kerner, dass er am 03.02.2008 einen Gottesdienst halten sollte. Der ursprünglich eingeteilte Priester war wegen Krankheit ausgefallen. (Textwort: 1. Thessalonicher. 2,13)

„Darum danken wir auch Gott ohne Unterlass dafür, dass ihr das Wort der göttlichen Predigt, das ihr von uns empfangen habt, nicht als Menschenwort aufgenommen habt, sondern als das, was es in Wahrheit ist, als Gottes Wort, das in euch wirkt, die ihr glaubt."

Hier wird sogar auf die *„Wirkmächtigkeit Gottes"* hingewiesen!

In diesem Zusammenhang gewinnt ein weiteres Detail eine besondere Bedeutung: Kerner bekam am 31.01. 2008 per Email das Monatsrundschreiben seines Bezirksapostels. Dieser weist auf ein Interview mit einer evangelischen Pfarrerin (Silvia Bukowski aus Wuppertal) hin, die von einer ökumenischen Jury für die „beste Predigt 2005" ausgezeichnet wurde. Die Pfarrerin spricht davon, was Aufgabe der Predigt ist:

„Es geht darum, Gottes Spuren in unserem Leben aufzudecken. Viele Menschen suchen Antworten, wenn sie in den Gottesdienst gehen. Aber praktische Konsequenzen darauf muss die Gemeinde selbst ziehen – und nicht der Pfarrer ihr vorschreiben."

„Gottes Spuren aufdecken!" – Das deckt sich mit der Aussage von Stammapostel Leber in Tübingen, wo er sehr eindringlich auf die Wichtigkeit der Glaubenserfahrungen und -erlebnisse hinwies.

Holger Hespen hat in seiner Seminararbeit aufgedeckt, wie wichtig „Glaubenserlebnisse" für einen neuapostolischen Christen sind und dass man das sogar im Internet nachprüfen kann.

Aber Glaubenserlebnisse beschränken sich nicht auf neuapostolische Christen. *„Gottes Spuren aufdecken"* - das kann jede gute Predigt! Es liegt letztlich bei uns, ob wir „Gott und sein Wort" in unser Leben mit einbeziehen:

„... als Gottes Wort, das in euch wirkt, die ihr glaubt"

(aus 1. Thessalonicher 2, 13.)

Zum Autor

Holger Hespen wurde am 06.10.2006 in Sande geboren und ist in Wiesmoor/Ostfriesland aufgewachsen.

Nach dem Abitur begann er am 1.10.2005 in Bremen das Studium der Religionswissenschaft (Bachelor).

Seinen beruflichen Schwerpunkt möchte er in die Erforschung des Christentums in der Spätantike und des Mittelalters setzen.

Nachtrag vom 15.07.2020

Heute ist Holger Hespen stellvertretender Leiter der Arbeitsstelle für evangelischen Unterricht Berlin Spandau, siehe auch: https://www.spandau-evangelisch.de/m/page/548/arbeitsstelle-f%C3%BCr-evangelischen-religionsunterricht-aru

Klaus P. Fischer

Selbstfindung durch Glauben

Christsein als Alternative

Selbstfindung durch Glauben – Christsein als Alternative

von Klaus P. Fischer

ISBN: 9783735750976, 220 Seiten, € 14,90

Zunehmend junge Menschen haben das Gefühl, die Leistungs- und Konsumgesellschaft vermittle ihnen wesentlich nur materielle, diesseitige Normen, lasse sie jedoch, bei all ihrer weltanschaulichen Offenheit, in Fragen nach Lebenssinn und ethisch-humanen Bezügen allein: Hauptsache sei, dass man in seinen jeweiligen Pflichtbereichen so gut wie möglich 'funktioniere', Persönliches sei eben „privat" und dürfe Funktion und Leistung nicht berühren; vielmehr müsse jemand, um vorwärts zukommen, die Bereitschaft haben, „mit den Wölfen zu heulen" und notfalls Skrupel zu unterdrücken. Denn – so soufflieren die Meinungsmacher – „jede(r) ist ersetzbar". Auch lebt in der säkularen Gesellschaft eine sich verstärkende Neigung, Gott und Glaube als über- flüssig, für das reibungslose Funktionieren sogar schädlich zu suggerieren.

Was bei diesem Bestreben nicht so offensichtlich ist: wo Gott und Glauben als überflüssig angesehen werden, wird bald auch der einzelne Mensch überflüssig und sein Schicksal uninteressant. Die meisten von uns können nicht außerhalb der Gesellschaft leben. Doch können wir in der Weise „alternativ" werden, dass wir lernen, uns ein eigenes Urteil zu bilden – ein eigenes Urteil auch aus den Quellen des Glaubens, um daraus Kraft und Mut zu schöpfen zu kritischer Distanz und Eigenverantwortung mit der Courage, gewonnene Einsichten auch an geeigneter Stelle in Vorgänge und Mechanismen der Gesellschaft mit einzubringen. So könnten wir beitragen, sie humaner zu gestalten, nämlich im Sinne der „Menschenfreundlichkeit Gottes", wie er sie in Jesus Christus gezeigt hat. Denn Jener, der 'Ur-Christ' schlechthin: Jesus Christus, er verstand die Menschen, ging auf sie zu, beriet und heilte viele, brachte ihnen sein befreiendes Wissen um Gott und von Gott nahe.

Klaus P. Fischer

Schöpfungsglaube im evolutiven Weltbild

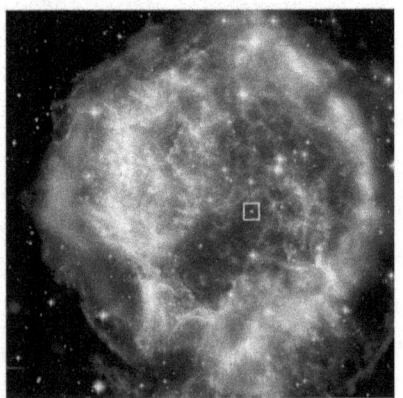

Das biblische Zeugnis vor der modernen Kritik

Schöpfungsglaube im evolutiven Weltbild - Das biblische Zeugnis vor der modernen Krtik von Klaus P. Fischer

ISBN: 9783751930192, 92 Seiten (Hardcover), € 17,90

In der Öffentlichkeit herrscht der Eindruck vor, die Evolutionstheorie mache den Schöpfer-Gott überflüssig: Hat sich der Kosmos, die Erde, das Leben aus kleinsten Anfängen gesetzmäßig entwickelt, bedürfe es keines Schöpfers - der sich gesetzmäßig seit Ewigkeiten entwickelte Weltstoff übernehme ja die Funktion des alten Schöpfers. Die Schöpfungserzählungen der Bibel werden als vorwissenschaftliche Hypothesen beiseite gelegt. Es könnte aber auch sein, dass der biblische Text Einsichten enthält und eine Weisheit bewahrt, die jenen verborgen ist, die sich der Welt bloß analysierend, messend, rechnend nähern. Das vorliegende kleine Werk will zeigen, dass man sich buchstäblich einer Ur-Kunde beraubt, wo man das evolutive Weltbild zur alleinigen Offenbarung macht.

Wer glaubt, lebt aus dem Geheimnisse von Klaus P. Fischer

ISBN: 9783751964241, 160 Seiten (Hardcover), € 19,90

Der Traditionsbegriff "Christliches Abendland" ist dem Bewusstsein weiter Kreise abhanden gekommen. Viele empfinden dieses Erbe wie einen schlechten Traum. Heute favorisiert man die pluralistische oder "offene" Gesellschaft. Wer sich allerdings öffentlich zum christlichen Glauben bekennt, riskiert das Etikett "Traditionalist". Wenn jedoch aus einer Kathedrale wie Notre Dame de Paris Flammen schlagen, erschrecken viele Zeitgenossen abgrundtief - als spürten sie, dass mit ihr ein geistig-geistliches Erbe droht verlorenzugehen.

Aufbruch im Glauben mit Papst Johannes XXIII. Von Siegfried Hübner

ISBN: 9783981419511, 128 Seiten, € 9,90

Wenn wir heute in unserer Kirche an einen Aufbruch im Glauben und im Leben denken können, so verdanken wir das jenem Aufbruch, der vor 40 Jahren im II. Vatikanischen Konzil (1962-65) begonnen hat. Die Erneuerung, um die es damals ging und die uns noch heute aufgegeben ist, können wir aber nur recht verstehen, wenn wir auf den Papst zurück blicken, der dieses Konzil einberufen hat, und mit ihm die Kirche so in Bewegung bringen wollte, wie er es unter den „Zeichen der Zeit" für notwendig hielt. Aus den Berichten, die aus Gemeinden zu hören sind, die sich heute um einen „Aufbruch" bemühen, geht hervor, dass die Anläufe, die dazu gemacht werden, stets zu der Frage führen: Was will Gott heute von uns? Auf diese Frage wollte Siegfried Hübner eingehen, und daraus haben sich die Themen der Vorträge ergeben: über Papst Johannes XXIII. als Initiator des Konzils, über einige Ergebnisse des Konzils und über unsere heute wohl wichtigste Aufgabe als Christen.

Aggionarmento – Ansichten im Glauben

von Heute von Rudolf Hubert

ISBN: 9783945462546

Das Heute ist eine besondere Herausforderung, in einer immer mehr sekularisierten Welt das Christentum glaubwürdig zu bekennen.

Freude am Wagnis des Glaubens von Rudolf Hubert

ISBN: 9783945462645, 64 Seiten, € 6,90

In unser heutigen Gott-fernen Zeit ist der Glaube an die Frohe Botschaft, an das Evangelium, eine besonders große Herausforderung, ein Wagnis der besonderen Art. Doch dieses Wagnis soll doch auch zur Freude dienen. In diesem Buch werden zu diesem Thema Theologen wie Karl Rahner und andere hörbar.

Das Geheimnis lasst uns künden – Glaubensgespräch heute oder „Öffnung des Herzens" an „verhülltem Tag" von Rudolf Hubert

ISBN: 9783945462164, 52 Seiten, € 5,90

Die Öffnung des Herzens" ist das Einführungskapitel in Karl Rahners Buch "Von der Not und dem Segen des Gebetes". ("Beten mit Karl Rahner", Band 1 „Von der Not und dem Segen des Gebetes", Freiburg-Basel-Wien, 2004; - Zuerst in Felizian Rauch, Innsbruck, 1949) In ihm geht es um Selbstkonfrontation, um Besinnung auf das Selbst- und Weltverständnis des heutigen Menschen. Glauben und Leben, Denken und Fragen, bilden in diesem weit verbreiteten Buch Karl Rahners eine untrennbare Einheit. Hinzu kommen Glaubenserfahrungen und Bilder, die auch sprachlich klassische Schönheit erreichen. „Verhüllter Tag" - Bekenntnis eines Lebens - autobiografische Schrift Reinhold Schneiders unter diesem Titel, Freiburg-Basel-Wien, 1959 (zuerst bei Jakob Hegner, Köln, 1954)

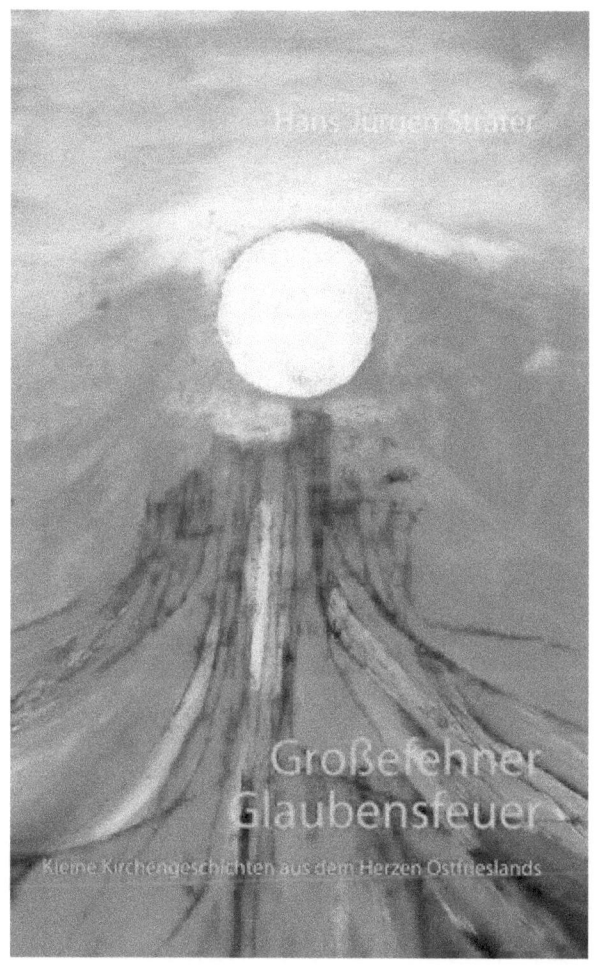

Großefehner Glaubensfeuer – Kleine Kirchengeschichten aus dem Herzen Ostfrieslands von Hans-Jürgen Sträter

ISBN: 9783735760128, 60 Seiten, € 5,00

Das Buch "Großefehner Glaubensfeuer" möchte zeigen, wie sich die kleine Aussaat unter dem "ostfriesischen Himmel" bis in die Gegenwart zu einem wunderbaren Glaubensbaum entwickeln konnte.

Lightning Source UK Ltd.
Milton Keynes UK
UKHW010800290720
367358UK00001B/287